AF357398

7 Février 1900

V

VENTE

Du Mercredi 7 Février 1900

A DEUX HEURES

HOTEL DROUOT, SALLE N° 2

Objets d'Art

MARBRES

Bronzes d'art et Ameublement

MEUBLES ANCIENS

TAPISSERIES

EXPOSITION PUBLIQUE

Le Mardi 6 Février 1900, de 1 heure 1/2 à 5 heures 1/2

M° G. DUCHESNE	M. René BLÉE
COMMISSAIRE-PRISEUR	EXPERT
Rue de Hanovre, n° 6	Rue Mogador, n° 10

PARIS — 1900

IMPRIMERIE MAULDE et RENOU

MAULDE, DOUMENC & Cie

IMPRIMEURS DE LA COMPAGNIE DES COMMISSAIRES-PRISEURS

Rue de Rivoli, 144

CATALOGUE

DES

OBJETS D'ART

Et d'Ameublement

MARBRES, BRONZES D'ART & D'AMEUBLEMENT

Porcelaines, Faïences, Cuivres,

Glaces, Objets de vitrine, Argenterie, Miniatures

MEUBLES et SIÈGES

Anciens et de Style

des XVIᵉ, XVIIᵉ, XVIIIᵉ Siècles et de l'Empire

BELLES TAPISSERIES ANCIENNES

De Flandre et d'Aubusson

TABLEAUX, GRAVURES

DONT LA VENTE AURA LIEU

HOTEL DROUOT — SALLE N° 2

Le Mercredi 7 Février 1900, à 2 heures

Mᵉ G. DUCHESNE	M. René BLÉE
COMMISSAIRE-PRISEUR	EXPERT
Rue de Hanovre, nº 6	Rue Mogador, nº 10

EXPOSITION PUBLIQUE

Le Mardi 6 Février 1900, de 1 heure 1/2 à 5 heure 1/2

CONDITIONS DE LA VENTE

Elle sera faite au comptant.

Les acquéreurs paieront CINQ CENTIMES PAR FRANC en sus des enchères.

Aucune réclamation ne sera admise une fois l'adjudication prononcée.

MAULDE, DOUMENC, et Cie, imp. de la Cie des Commissaires-Priseurs,
rue de Rivoli, 144   400—86704

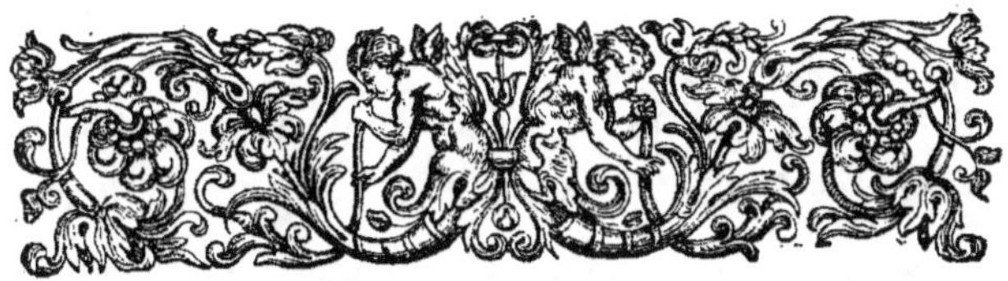

Désignation

—

MARBRES, BRONZES, FAIENCES, PORCELAINES, CUIVRES, GLACES

1 — Statuette en marbre blanc sculpté : Erigone.

2 — Groupe en marbre blanc sculpté : Les Deux Sœurs.

3 — Statue en marbre blanc : Hermaphrodite couché. Travail ancien.

4 — Une Statue marbre : Pureté.

5 — Un Groupe porcelaine de Saxe : Les Fleurs.

6 — Un Groupe porcelaine de Saxe : La Musique.

7 — Un Bouillon et son plat porcelaine de Worcester.

8 — Un Bouillon et son plat porcelaine d'Arras.

9 — Une Coupe en porcelaine bleu marbré de Sèvres.

10 — Une Coupe en porcelaine de Saxe, décor Louis XVI.

11 — Deux Petits Vases en porcelaine dorée d'époque Empire.

12 — Deux Cache-Pots faïence de Hochst-sur-le-Mein.

13 — Petite Figurine Saxe.

14 — Une Soupière et son plat en vieux Rouen.

15 — Trois Glaces à main, porcelaine de Saxe.

16 — Dix-huit Tasses et Soucoupes porcelaine de Saxe, décor à fleurs, corbeilles, etc.

17 — Lot de Fleurs de Saxe.

18 — Une Pendule d'époque Empire en bronze doré. Sujet: Jeune Femme couronnant l'Amour.

19 — Une Pendule fin de l'Empire, bronze doré.

20 — Une Garniture de cheminée en marbre et bronze patiné.

21 — Pendule d'applique et son support en marqueterie de BOULE et bronze doré.

22 — Une Pendule réveil dans son écrin.

23 — Un Bronze BARYE : Lévrier.

24 — Grande Statuette en bronze : Arlequin.

25 — Statuette en bronze : Polichinelle. Signé : GUEYTON.

26 — Statuette en bronze : Jeune Fille Kabyle portant un vase.

27 — Suspension en bronze.

28 — Lustre en bronze aménagé à l'électricité.

29 — Lanterne d'antichambre en fer forgé.

30 — Deux Fourneaux en terre d'Epernay.

31 — Fontaine forme vase en cuivre, avec coquille posée sur une gaine en bois sculpté.

32 — Glace biseautée, cadre en marqueterie de cuivre.

33 — Grande Glace, cadre bois sculpté.

34 — Glace biseautée, cadre garni de cuivre repoussé. Époque Louis XIII.

35 — Deux Glaces Louis XIII, cadres en bois noir guilloché.

36 — Jardinière et six Plats en cuivre repoussé.

37 — Paire de Jardinières forme d'éventail en bronze chinois.

38 — Deux Appliques porte-cierges en cuivre.

39 — Quatre appliques à sept lumières en cuivre poli.

40 — Lustre en cuivre poli.

41 — Lustre porte-lampes en cuivre poli.

MINIATURES — OBJETS DE VITRINE
ARGENTERIE

42 — Une Miniature d'époque Louis XVI : Jeune Femme en toilette d'intérieur.

43 — Une Miniature d'époque Louis XVI : Femme en costume orné de fourrure.

44 — Deux Miniatures : La Réprimande, d'après BEAUDOUIN.

45 — Une belle Miniature : Portrait de Femme époque Louis XVI.

46 — Une belle Miniature : Portrait d'Enfant.

47 — Une Broche en argent ornée d'une grisaille : Bacchante et Amours.

48 — Une Boucle de ceinture en or d'époque Louis XVI.

49 — Éventails d'époques Louis XV, Louis XVI et Empire. (Sera divisé.)

50 — Douze Couteaux avec manches en porcelaine de Saxe.

51 — Lot de Pommes de cannes, Béquilles, Mylords, Boules, etc.

52 — Lot de Béquilles, Boules, Œil de tigre.

53 — Une Boîte vernis Martin.

54 — Une Boîte porcelaine, tête de chien.

55 — Porte-Huilier, deux Bouts de table, quatre Salières. Le tout en argent d'époque Empire, cristal blanc.

56 — Beau Sucrier en argent époque Empire.

57 — Douze Couteaux époque Empire, manches nacre et garniture argent.

58 — Petits Bijoux. Objets de vitrine. (Sera divisé.)

59 — Seize Monnaies étrangères argent.

60 — Douze Médailles modernes argent.

61 — Dix-huit autres en bronze.

MEUBLES ET SIÈGES

62 — Un Secrétaire en acajou d'époque Empire, orné de beaux bronzes finement ciselés et dorés; dessus marbre.

63 — Une Commode en acajou d'époque Empire, ornée de beaux bronzes finement ciselés et dorés; dessus marbre, allant avec le Secrétaire ci-dessus.

64 — Un Écran en acajou d'époque Empire. Panneau de soie brodée : Le Vésuve.

65 — Deux Fauteuils en acajou d'époque Empire; dessus velours frappé.

66 — Une petite Table à trois tiroirs en acajou style Empire, ornée de bronze.

67 — Une Table à Jeu, en noyer ciré et sculpté, d'époque Louis XVI.

68 — Deux petits Fauteuils marquise, en bois sculpté et doré, style Louis XVI, recouverts de soierie.

69 — Une Bergère style Louis XV, en bois doré, recouverte d'étoffe brodée.

70 — Un Bureau plat, en marqueterie de bois, garni de bronzes dorés style Louis XVI.

71 — Une Armoire à deux portes garnie de bou-

quets de fleurs en marqueterie; entrées en bronzes dorés.

72 — Une Stalle en chêne sculpté, style gothique.

73 — Beau Cabinet espagnol. (L'intérieur garni de rinceaux et figures de la Renaissance.)

74 — Table à ouvrage à trois tiroirs, marqueterie à fleurs garnie de bronzes dorés.

75 — Meuble crédence à deux portes, de style gothique.

76 — Grand et beau Lit Renaissance.

77 — Prie-Dieu Renaissance.

78 — Coffre en bois noir à moulures guillochées sur table à pieds tors Louis XIII.

79 — Grand Coffre à châles en palissandre, poignées en bronze sur pieds en noyer.

80 — Meuble à deux corps en bois de thuya; la partie supérieure, formant cabinet, est garnie intérieurement de tiroirs tout en marqueterie de bois.

81 — Statuette de saint Christophe, en bois peint et sculpté, avec lampe antique en bronze.

82 — Grand Meuble Cabinet en noyer et marqueterie de bois posant sur une table-console à colonnes torses du XVIIe siècle.

83 — Stalle en bois sculpté.

84 — Grande Banquette en bois sculpté, dossier de style gothique, bras à figures de chimères ailées.

85 — Coffre en bois sculpté, orné sur le devant de statuettes allégoriques séparées par des colonnettes. XVIIe siècle.

86 — Meuble Crédence en bois sculpté, ouvrant à deux vantaux et garni de deux tiroirs, posant sur une table console et surmonté d'un dossier couronné par un fronton à figure d'évêque.

87 — Paravent, à quatre feuilles, en cuir peint à fleurs et fruits.

88 — Bahut en noyer, ouvrant à un vantail, sculpté et guilloché. XVIIe siècle.

89 — Meuble Dressoir en bois sculpté à cariatides avec dossier à ornements de marbre.
Style Renaissance.

90 — Deux Frontons d'appliques en bois sculpté.
XVIIe siècle.

91 — Deux Statuettes d'enfants en bois sculpté.

92 — Lot de Panneaux en bois sculpté.

93 — Deux Banquettes et quatre Chaises en bois
sculpté.

94 — Ancien Coffre en cuir clouté de cuivre.

TAPISSERIES

95 — Tapisserie flamande représentant, au milieu
d'un camp, des captifs et des dépouilles guer-
rières. Bordure, sur quatre côtés, à guirlandes
de fleurs, coupes de fruits et oiseaux.

96 — Portière en tapisserie verdure : chien pour-
suivant un canard. Bordure, sur quatre côtés,
à ornements et cariatides.

97 — Trois Portières en ancienne tapisserie, composition de trois personnages, avec bordure.

98 — Tapisserie verdure représentant, dans un paysage, le repos de Diane. Bordure dans le haut et dans le bas.

99 — Tapisserie représentant une chasse. Bordure à personnages, fruits et ornements. Époque Henri II.

100 — Tapisserie en trois parties, offrant, dans un paysage, des fleurs et des volatiles.

101 — Tapisserie verdure en deux parties, représentant Narcisse se mirant dans l'eau.

102 — Tapisserie d'Aubusson, décor à volatiles dans un paysage. Bordure sur quatre côtés.

103 — Portière en tapisserie verdure à fond de paysage et oiseaux. Bordure en haut et en bas.

104 — Fragment de Tapisserie à personnages. Bordure à fleurs et feuillage. En largeur.

105 — Neuf Panneaux divers en tapisserie verdure, sujets à paysages, chasse, volatiles, vues de châteaux. (Serons vendus séparément.)

106 — Fragment de Tapisserie Henri II, à personnages dans un paysage.

107 — Quatre Encadrements de portière en tapisserie.

108 — Quatre Bandeaux en tapisserie.

109 — Deux Encadrements en ancienne tapisserie.

110 — Lot de Morceaux de tapisserie.

111 — Lot de Garnitures de Sièges en ancienne tapisserie.

112 — Cinq Portières de Karamanie.

113 — Cinq Rideaux en laine verte, ornés d'applications en soie jaune.

TABLEAUX, GRAVURES

114 — **Brown** (J.-L.). Le Retour de la Forge.

115 — **École française**. Apollon et les Muses, cadre doré.

116 — Deux Gravures, époque Empire.

117 — **École française.** La Curiosité.

118 — **Le Roy** (de Liancourt). Jolies Gouaches, représentant des paysages accidentés.

119 — **Nardi.** Vue de Toulon.

120 — **Sauzay.** Paysage.

121 — **Vinterhalter.** Femme et Amours dans un bois.

122 — **Mesplès.** Danseuse. Pastel.

123 — Deux pièces : Sépia par PELLETIER et Dessin rehaussé par TISSANDIER.

124 — Tableau genre de GUARDI. Vue d'Italie.

125 — Tableau par PAU DE SAINT-MARTIN. Paysage.

126 — Environ quarante Gravures et Eaux-fortes modernes encadrées (ce numéro sera divisé).

127 — Sous ce numéro seront vendus les objets omis au présent catalogue.